LOUIS DUVAL

Les Fierabras

MÉDECINS ROUENNAIS ET ALENÇONNAIS

AU XVIe ET AU XVIIe SIÈCLES

Lettre ouverte, à M. Tony Genty

ALENÇON

TYPOGRAPHIE & LITHOGRAPHIE A. HERPIN

9, RUE DU CYGNE, 9

1901

A M. Léopold Delisle
respectueux hommage
Louis Duval

LOUIS DUVAL

Les Fierabras

MÉDECINS ROUENNAIS ET ALENÇONNAIS
AU XVIe ET AU XVIIe SIÈCLES

Lettre ouverte, à M. Tony Genty

ALENÇON
TYPOGRAPHIE & LITHOGRAPHIE A. HERPIN
9, RUE DU CYGNE, 9
—
1901.

Les Fierabras

MÉDECINS ROUENNAIS ET ALENÇONNAIS

AU XVIe ET AU XVIIe SIÈCLES

Lettre ouverte, à M. Tony Genty

Le hasard des recherches amène parfois des rencontres inattendues et des coïncidences, en apparence, singulières. Les cabalistes d'antan, les occultistes de nos jours, ont bâti là-dessus des théories hardies, mais non encore vérifiées. C'est ainsi qu'ils attribuent à des courants psychiques communs l'éclosion simultanée des mêmes pensées dans des esprits différents (1).

Sans être un adepte du *martinisme*, ou même disciple du docteur Pascal Rossi, il est permis de croire à la communion effective des esprits. C'est même là une des plus grandes joies que puisse éprouver un véritable lettré, de même que c'est évidemment un des signes les plus certains de l'activité de la vie littéraire.

Il arrive ainsi, naturellement, que tandis que vous, citoyen de l'Athènes normande, vous vous efforcez d'embrasser les deux côtés d'un problème bibliographique et littéraire qui intéresse à la fois Rouen et Alençon, moi, dans mon coin, je trouvais dans les archives même dont j'ai la garde, des documents qui permettent de dégager la personnalité du médecin alençonnais mis en cause.

Il s'agit de démêler la généalogie de nos Fierabras, médecins rouennais et alençonnais aux seizième et dix-septième siècles, embrouillée comme à plaisir par les biographes. Avant d'aborder cette besogne, il ne me paraît pas inutile de faire observer que les médecins dont nous nous occupons étaient porteurs d'un nom qui, d'abord, frappe l'attention et qui, probablement, n'a pas nui à la vogue dont ils ont joui dans leur temps, et même longtemps après leur mort.

Ce nom de Fierabras rappelle aujourd'hui, pour le vulgaire, l'idée d'un matamore, d'un tranche-montagne, d'un bravache, d'un rodomont. Pour les

(1) G.-L. Duprat, professeur au collège des sciences sociales. *Occultisme et Spiritisme* p. 11. — Alençon, veuve Félix Guy et Cie, 1901.

gens du XVIe et même du XVIIe siècle, puisque la première partie du *Don Quichotte* n'a paru qu'en 1605, il donnait lieu à une association d'idées bien différentes. Au Xe siècle, ce surnom fut glorieusement porté par Guillaume II, comte de Poitiers ; au onzième, par l'un des fils de Tancrède de Hauteville, à la suite desquels les Normands devinrent maîtres des Deux-Siciles. Au douzième, nous voyons apparaître sous ce nom un personnage fabuleux, le géant Fierabras, roi d'Alexandrie et de Babylone, héros d'une des chansons de geste les plus populaires du moyen âge. Mis en prose au XVe siècle, le poème de *Fierabras* n'eut pas moins de succès. Ce qui le prouve, c'est que ce roman est le premier qui ait eu les honneurs de l'impression dès les débuts de l'art typographique. Sans compter deux éditions faites à Genève, de 1478 à 1486, trois à Lyon, de 1489 à 1497, et plusieurs à Paris, le roman de *Fierabras* fut fréquemment réédité à Rouen : 1° par Fr. Regnault (in-4° gothique s. d.) ; 2° par Jean Bourges (*id.* s. d.) ; par la veuve Louis Costé, en 1640. Ce même roman a eu encore la bonne fortune d'avoir été le premier remis en lumière en notre siècle, grâce surtout à l'édition critique qu'en a donnée M. Gustave Servois, dans le *Recueil des anciens poètes de la France* et à l'excellente préface dont ils l'ont fait précéder (1).

Or, dans l'histoire merveilleuse du géant Fierabras dont Rabelais n'a eu garde d'oublier de faire mention dans sa généalogie fantastique de Pantagruel, se trouve un trait caractéristique, auquel le fameux *baume de Fierabras*, employé par le héros de Cervantès d'une si heureuse façon pour guérir instantanément ses blessures, doit vraisemblablement son origine. Le roi sarrazin, après avoir pillé les lieux saints et mis la main sur les reliques de la Passion, avait chargé sur son destrier deux barils remplis du baume du Saint-Sépulcre. Ce baume miraculeux, avait la vertu de guérir sur-le-champ toutes les plaies. Grâce à ce puissant vulnéraire, Fierabras pouvait braver impunément tous les coups et c'est ainsi qu'il s'avança un jour jusque dans la cour de Charlemagne, ses précieux barils pendant au pommeau de sa selle, défiant avec insolence les barons de France. Un seul osa s'avancer contre lui, le brave Olivier et le combat s'engagea. La lutte fut longue et terrible, mais enfin le héros chrétien parvint à s'emparer des précieux barils au moyen desquels le géant païen se croyait invincible. Les barils furent donc par lui jetés à la mer et, suivant la légende, ils gisent encore aujourd'hui au fond du détroit de Rome. Tous les ans, ils émergent à la surface le grand jour de la Saint-Jean d'été (2).

Il paraît évident que la composition du fameux *baume de Fierabras*, dont le chevalier de la Manche croyait posséder le secret, ne pouvait être qu'un succédané de ce vulnéraire par excellence dont les médecins de Rome eurent

(1) Léon GAUTIER, *Les Épopées françaises*, t. II, p. 306 et suivantes.
(2) Léon GAUTIER, *ibid.*, p. 317.

sans doute moyen de prélever quelques échantillons, lors de l'apparition annuelle des barils enlevés au héros païen.

Les vertus qu'on attribuait à la *momie d'Égypte* et à l'Egyptiac n'étaient guère moins merveilleuses que celles du vrai baume de Fierabras. Paracelse ne tarit pas en éloges sur cette panacée qui se vendait au poids de l'or, ce qui, suivant Ambroise Paré, donnait lieu à toutes sortes de falsifications : *Summum in curandis vulneribus omnibus est interna mumia... Balsamus mumiæ suprema medicina est.* Paracelsi Opera I, p. 412.

Mais en voilà assez sur les origines d'un nom médical qui a été porté assez honorablement pour qu'il soit besoin d'y joindre le prestige douteux d'une légende, très vivace encore au XVIe siècle, mais connue seulement aujourd'hui de quelques érudits.

Le 26 septembre 1549, Martin Le Mégissier, célèbre libraire à Rouen, au haut des degrés du Palais, obtint de la cour du Parlement de Rouen la permission de faire imprimer une *Méthode de Chirurgie* (1), livre traduit du latin en français, comme le portent les lettres qui lui furent accordées. L'impression en fut confiée à Jean Petit. Le livre parut le 1er janvier 1550, avec une dédicace en latin aux professeurs de médecine, sous le nom d'*Herveus Fierabrasius, Rothamagensis medicus*, dont nous reproduisons ci-contre le titre en fac-similé (2).

Hervé Fierabras, l'auteur de ce livre, était docteur en médecine et demeurait à Rouen, comme on vient de le voir. Il avait lui-même professé la chirurgie « plusieurs fois et en divers lieux ». Il avait, dit-il, remarqué que parmi les élèves qui suivaient ses leçons, « aucuns y prenoient goust et plaisir, les autres, au contraire, estoient comme d'une aspreté, en prime face, descouragez; les autres, du grand labeur intimidez et de l'estude rejectez. Ce qui faict, pour vray, que plusieurs ont, au temps passé, perverty l'ordre et commencé la chirurgie par un emplastre, comme un charpentier l'édifice par la cheminée, delaissant ce qui est en l'art le premier et le plus nécessaire... La chirurgie a été jusques à présent comme un triomphant et hault palais, pour lequel monter n'y avoit (quant aux gens de nulle ou médiocre littérature), aucuns eschelons, sinon quelques marches confuses, debout, de travers, l'une sur l'autre, disperses et mal adhérentes, lesquelles ne restoit qu'à mettre en ordre, en sorte que le lieu estoit aux ignorans inaccessible. »

Hervé Fierabras, en publiant sa *Méthode brefve et facile*, n'a pas eu d'autre but, suivant sa déclaration, que de faire œuvre de vulgarisateur. Ce n'est pas pour les savants, mais pour les commençants, qu'il a composé ce petit livre et qu'il l'a rédigé en langue vulgaire, au lieu de l'écrire en latin, qu'il

(1) Nous devons la communication de ce précieux volume à l'obligeance de M. Pringault, d'Alençon, auquel nous sommes heureux d'adresser ici nos remerciements.

(2) Marque de Le Mégissier : Un mégissier, avec cette devise : *De bien en mieulx. M. Le Mégissier.* En exergue : *Par art et labeur l'homme sage faict tout venir à son usage.*

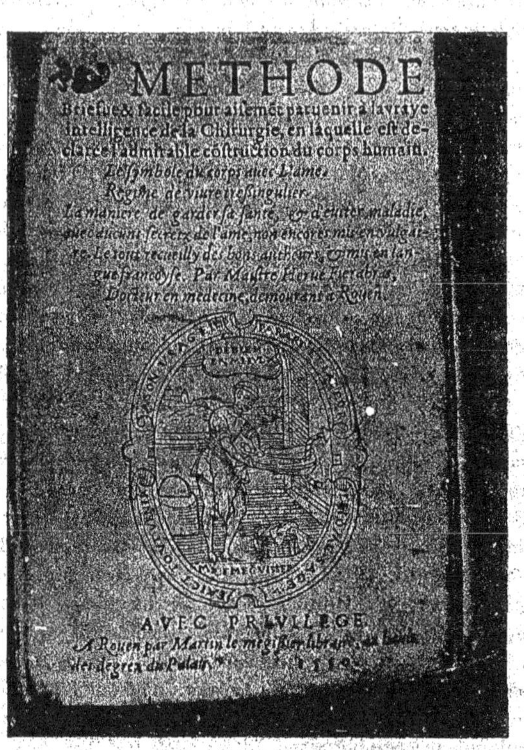

METHODE

Briefue & facile pour aisemēt paruenir à la vraye intelligence de la Chirurgie, en laquelle est declarée l'admirable cōstruction du corps humain.

Le symbole du corps auec l'ame.

Regime de viure tresſingulier.

La maniere de garder sa santé, & d'euiter maladie, auec aucuns secretz de l'ame, non encores mis en vulgaire. Le tout recueilly des bons autheurs, & mis en langue françoyse. Par Maistre Herué Fierabras, Docteur en medecine, demourant à Rouen.

AVEC PRIVILEGE

A Rouen par Martin le megissier libraire, au haut des degrez du Palais.

écrivait avec élégance et facilité. Il l'aurait fait paraître plus tôt, s'il n'eût été arrêté quelque temps par la crainte d'encourir le reproche de vouloir marcher sur les traces d'un maître tel que le médecin du roi, Philippe de Flesselles, homme docte et expérimenté qui, depuis son entreprise, a exposé en public une *Introduction de Chirurgie rationele.* Il reconnaît d'ailleurs que c'est à ce maître qu'il doit l'idée de ce travail de vulgarisation que personne jusqu'alors, dit-il, n'avait encore entrepris.

« Toutefois, reprend-il, je n'ai tant doubté telle callomnie que je n'aye mieux aymé employer mon petit pouvoir au bien commun. Je t'asseure que ce doubte seul a detenu longtemps en silence et secret le mien petit labeur. »

Au reste, « les zélateurs de vertu et amateurs de science » ne devront pas blâmer son entreprise, sous prétexte qu'il a eu de nombreux devanciers qui lui ont préparé la carrière, en raison de l'objet même de son travail, à savoir de « délivrer les nouveaux esprits du labyrinthe confus et obscur où ils se trouvent au commencement de leur estude impliquez, en deffault des principes et rudimens qui sont les premiers eschelons et marches inférieures où il est nécessaire passer premier que parvenir au comble de l'édifice. »

Les auteurs qu'Hervé Fierabras a pris pour guides sont naturellement Hippocrate, Aristote, Galien, Celse, Paul d'Egine, parmi les anciens ; parmi les modernes, Avicenne, Gui de Chauliac, Jean Tagaut qui publia en 1545 une paraphrase de son *Traité de Chirurgie ;* Jacques Houllier, Philippe de Flesselles (1).

Comme Jean Tagaut, comme Ambroise Paré, Fierabras avait en horreur les empiriques de son temps, « gens ignorans et mécaniques qui, sans esgard de la maladie, de l'humeur peccante, ni de la vertu du patient, à toutes affections, à tous aages et en tous temps, donnent en secret à boire leurs pouldres violentes ou aultres drogues corrosives, abusans le peuple d'un prétexte de peu de coust et numereuse purgation, comme de douze ou quinze selles, qui est un vice en purgation.

« Les autres, plus effrontez, se ingèrent traicter tous malades et comme qui riens ne sçait de riens ne doubte, d'une effrenée témérité et impudente arrogance promettent santé toute fretée (2). Mais leurs drogues sont cheres, par quoy y convient avancer grand argent. O l'astuce audacieuse ! Ils enveniment tout, premier les aureilles, puis la bourse et finablement le corps. Vistes-vous oncques intoxiqueurs plus rusez ? Ils ressemblent à gens masquez qui, de gestes d'habit, de langage et caquet, entre vulgaire, ressemblent à médecins, mais de vérité, d'érudition et de faire riens moins...

(1) Au folio 101 (recto), Fierabras cite en parlant des phlegmes un certain *Manard* dont le nom nous est inconnu.

(2) Frettée, garnie de frettes ou bandes de fer, c'est-à-dire solide, assurée.

« Mesmes, les viles femmes, cantonnières (1) et vaudoises (2), tyriacleurs (3), esventez et coureurs, mendicquent bruyt d'un seul que nature ou fortune aura curé, et en auront occis cent, les uns estouffez en bref, les aultres en longue et angoisseuse douleur, langoureusement enterminez. Voilà la besongne de tels pipeurs qui, à toutes places n'ont qu'un emplastre, en toute maladie une décoction, une formule, un moule, un patron, comme un savatier qui chausse grands et petits tous en une forme, et aussi leur fin est tant seulement tirer argent à tort ou à droit...

« Ha! ils font tout pour l'amour de Dieu : c'est l'amorse! Ils ne prennent point d'argent, mais bien un présent qui vault triple salaire. Je ne parle point de nos medecins mammillaires, pour ce que la fin est digne du moyen, le moyen de l'artifice et l'artifice de l'ouvrier. C'est la charité du regnard : les chats ayment tous la souris, les fameliques pour leur pasture et les soûls pour leur esbat; chose abominable. Et néanmoins ils sont estimez d'avoir huit mois, un an ou deux, tenu une patiente en langueur et induict enfin un cancre ou fistule là où un sçavant et méthodicque seroit blasmé en un mois l'avoir guérie. En quoy aussi le sot populaire ressemble à la souris d'Æsope qui, en asseurance de passer l'eau, se lia à la jambe de la raine (4), sa bonne commere et amye, laquelle aprez l'avoir longtemps travaillée en l'eau, en fin la tira au fond. C'est la fin de tels pipeurs et coureurs.

« S'ils sont gueris du mal de Naples, ils parlent par expérience, arrière raison. S'ils ont faict quelque voyage, en un mois, ils sont plus sages qu'Apollon, arrogance leur branle la teste, les cornes lèvent le bonnet. Les aultres tournent les yeux, corrugant le front (5) : c'est un oracle. : « J'ay mon emplastre! (à pleine bouche), mon baume, mon onguent, ma décoction, mon secret, ma diète (6). J'ay veu faire un Egyptien; un Turc me l'aprint. Tout faict miracle. Adieu l'estude. Il n'y a si gros butor qui à son ignorance n'adjoute arrogance. »

Hervé Fierabras, on le voit, ne manquait ni de verve, ni de style, et l'on doit reconnaître en lui, non seulement un médecin instruit et plein de tact, mais un écrivain d'une certaine valeur. A ce titre seul, son nom mérite d'être tiré de l'oubli.

Avoir pour soi l'approbation de son éditeur n'est pourtant pas un titre suffisant auprès de la postérité. Si donc nous citons l'hommage qu'adressa à Hervé Fierabras son imprimeur Jean Petit, c'est qu'il se présente à nous sous la

(1) Femmes de mauvaise vie qui se tiennent au coin des rues.
(2) Sorcières.
(3) Marchands de thériaque.
(4) Raine, de *rana*, grenouille.
(5) Corrugant, de *corrugantre*, se rider.
(6) Diète, régime de vivre.

forme d'un dizain liminaire, d'une facture médiocre, il est vrai, mais qui prouve, du moins, que les émules des Estienne, au XVIe siècle, entendaient l'art de la réclame aussi bien que ceux du dix-neuvième :

DIXAIN DE L'IMPRIMEUR AU LECTEUR

Qui vouldra veoir le corps uny ensemble
Avec l'esprit, en sa proportion :
Qui vouldra veoir celui qui desassemble
Par art humaine un corps en section,
Puis le remect en sa perfection :
Et qui vouldra l'anatomie apprendre
De veines, nerfz, arteres, et comprendre
Comme les piedz, les iambes, mains, et bras
Sont ioinctz au corps, facile est de l'entendre
Par l'œuvre seul du docte Fierabras.

Suit un autre dixain, dont nous faisons grâce au lecteur : *Non bis in idem.*

Les louanges décernées à Fierabras par son imprimeur étaient certainement méritées, mais la réciproque n'est pas vraie et c'est là le revers de la médaille. A la dernière page du livre, en effet, Fierabras a placé un avertissement très nécessaire, ainsi conçu :

« J'étois parti en voyage lorsque ce petit ouvrage a été remis à l'imprimeur qui s'est acquitté avec trop peu de soin de sa tâche, comme il arrive lorsque l'auteur n'est pas là. Il se trouve ainsi criblé de fautes qui sont corrigées çà et là, dans l'errata qui suit. »

Voilà à quoi se réduisent les renseignements que nous possédons sur l'auteur de la *Méthode briefve et facile.* Ce livre est devenu très rare, puisque ni Odolant Desnos, ni Ed. Frère, ni Th. Lebreton, ni Mme Oursel n'en ont eu connaissance. Hoeffer, lui-même, qui a consacré, le premier, une excellente notice à Hervé Fierabras, dans la *Nouvelle Biographie générale*, n'a pas connu l'édition de Le Mégissier, que nous avons décrite En revanche il nous apprend que ce livre fut imprimé à Paris, en 1550 et qu'une autre édition, non datée, en fut faite la même année. Le docteur Jules Roger, dans *Les Médecins normands, du douzième au dix-neuvième siècle* (t. II, p. 222-223), a donné un court extrait de cette notice, mais il déclare qu'à son avis, Hoeffer a dû faire erreur en assignant à cette publication l'année 1550 et qu'il croit devoir s'en tenir aux renseignements biographiques fournis par les auteurs précités qui font naître Hervé Fierabras au commencement du XVIIe siècle.

Même pour celui qui n'a pas tenu entre ses mains le livre imprimé par Jean Petit, il est difficile pourtant de se méprendre sur l'époque à laquelle il a été écrit. La *Méthode briefve et facile* est bien évidemment un ouvrage du milieu du XVIe siècle et non du dernier quart du XVIIe siècle. Il suffit de remarquer dans quel style il est écrit, ou même simplement de faire attention à l'orthographe.

Il me reste à examiner comment cette confusion singulière et jusqu'ici inexpliquée, a pu se produire et comment l'œuvre d'un médecin de Rouen, contemporain de François Ier, a pu être attribuée à un médecin alençonnais vivant en 1683.

La *Méthode briefve* eut un grand succès à Rouen et à Paris, parmi les étudiants en médecine et en chirurgie, comme le prouvent les trois éditions de 1550, signalées plus haut. Une troisième fut donnée à Lyon par Benoît Rigault en 1571, in-16 (1). Nicolas Bonfons, libraire à Paris, rue Neuve-Notre-Dame, à l'enseigne de Saint-Nicolas (2), en fit paraître une quatrième en 1583 (in-16, 316 p.) Une cinquième enfin fut faite à Paris, en 1635, par C. Blanqueteau, in-8°.

Cette persistance jusqu'à la fin du règne de Louis XIII de la vogue dont avait joui parmi les étudiants en médecine, à l'époque de son apparition, un manuel à leur usage, datant de Henri II, est un fait qui nous semble assez remarquable, non pas au point de vue de l'histoire des sciences, sur la marche desquelles il ne peut guère nous éclairer, mais au point de vue littéraire. On était au temps où Balzac et l'Hôtel de Rambouillet opéraient une véritable transformation des habitudes de notre vieille langue. Les auteurs du XVIe siècle étaient passés de mode et leur style nerveux et coloré allait être remplacé par le style académique.

C'est alors qu'un adepte de l'art médical, originaire de Normandie probablement, Jean de Montigny, crut rendre un signalé service à Hervé Fierabras en entreprenant de le rajeunir, afin de lui conserver le crédit dont il avait joui jusqu'alors auprès des apprentis chirurgiens.

Lui-même s'en est expliqué avec une certaine suffisance dans la préface de l'édition qu'il prépara et qu'il fit paraître en 1647 sous ce titre :

La vraye méthode de la parfaicte chirurgie de Fierabras, divisée en trois livres. Le tout revu et exactement corrigé par M. Jean de Montigny, médecin, avec une Préface aux aspirans en chirurgie.

A Paris, chez Nicolas Bessin, rue Saint-Jean-de-Beauvais, au Grand Olivier, in-12 de 388 p.

« Fierabras, dit-il, étoit en danger d'estre méprisé pour son obscurité, comme furent autrefois les livres de Nigidius (3), un des plus savants des Romains. J'ay voulu prévenir un si grand mal pour toute la chirurgie et me suis comporté comme un architecte avec un bastiment qu'on chérit pour son antiquité, me

(1) Cité par Brunet, *Manuel du Libraire.*
(2) Bibliothèque nationale, Td. 13.
(3) Nigidius Figulus, contemporain de Cicéron. Jean Rutgersius a recueilli avec soin tous les fragments qui restent de ses ouvrages.

contentant de l'appuyer par où il tomboit, et n'ay pas voulu l'abattre pour en bastir un nouveau de ses ruines. »

Malheureusement on peut dire de cet essai de rajeunissement ce qu'on a dit des restaurations entreprises par certains architectes de cette époque et de presque tous les traducteurs. Au lieu de rendre à l'œuvre de Fierabras une nouvelle jeunesse, Jean de Montigny ne fit que le dépouiller des grâces naïves dont il était paré, sans rien ajouter à sa valeur scientifique.

Qu'était d'ailleurs ce Jean de Montigny, pour prétendre ainsi corriger un de ses maîtres? Hoeffer lui donne la gratification de médecin du Roi. M. Dureau, secrétaire de l'Académie de médecine, a bien voulu, à notre prière, faire des recherches pour établir son identité. Malheureusement notre éminent correspondant nous fait connaître, par sa lettre du 23 mai, qu'il n'a trouvé aucune trace de Jean de Montigny, comme médecin du Roi.

Par contre, M. Dureau, nous fournit les renseignements les plus précis sur un certain Jean de Montigny, du diocèse d'Avranches, qui prit ses grades à Paris, de 1647 à 1649 et dont il a pris soin de noter les thèses :

1° Thèse pour le grade de bachelier, en 1647 : « La femme est-elle un ouvrage imparfait de la nature? *Est ne fœmina opus naturæ imperfectum?* »

Conclusion négative.

2° Thèse, pour le même grade : « La sobriété est-elle la mère et la nourrice d'une longue vie agréable? *Est ne longæ ac jacundæ vitæ tuta certaque parens sobrietas?* »

Réponse affirmative.

Jean de Montigny fut reçu licencié le 17 novembre 1647, avec une thèse ainsi formulée :

« Les diurétiques peuvent-ils être employés pour combattre les douleurs néphrétiques? *An dolori nephriticæ diuretica...?* »

Moins de quinze jours après, le 1er décembre 1648, ce qui montre avec quelle rapidité on montait en grade dans ce temps-là, même à la Faculté de médecine de Paris, le bonnet de docteur lui était donné, à suite de la soutenance d'une thèse sur l'utilité de la saignée dans toutes les maladies graves *An magnis omnibus morbis venæ sectio?*

Pour le couronnement de sa carrière académique, Jean de Montigny fut proclamé sans plus tarder docteur régent, le 27 janvier 1649, après avoir traité avec succcès la question suivante : « La génération humaine se produit-elle dans les vases distillatoires au moyen du sel? *An in vasis distillatoriis homo possit creari ex sale?*

Ces thèses sur des sujets bizarres dont il nous suffit de donner l'énoncé, n'indiquent pas que ce Jean de Montigny fût à même de revoir et de corriger l'ouvrage de Hervé Fierabras, comme l'annonce le titre de l'édition de 1647.

Mais il ne nous semble nullement impossible de voir en lui l'auteur du remaniement malheureux que subit en 1647, l'œuvre de Fierabras. Il faut remarquer en effet que, sur le titre, Jean de Montigny est qualifié simplement médecin et non pas docteur, ce qui convient à merveille au bachelier de fraîche date qui ne fut reçu docteur qu'au mois de décembre 1648.

Je doit noter encore que Haller mentionne une édition du même livre, faite en 1648, à Paris, sous ce titre : *La véritable méthode de la parfaite chirurgie de Fierabras, corrigée.*

I

Odolant Desnos, dans ses *Mémoires historiques sur Alençon ;* Frère, dans son *Manuel du bibliographe normand,* nous assurent qu'en 1683 parut à Paris, chez Antoine Bourriquant, in-12, une édition de la *Méthode briefve et facile pour aisément parvenir à la vraie intelligence de la chirurgie,* qui ne semble être qu'une réimpression des éditions de 1550, 1571 et 1583.

Toutefois les deux auteurs précités mentionnent cette publication non comme une nouvelle édition, mais comme l'ouvrage original d'un second Hervé Fierabras ou HERVÉ-FIERABRAS, car Ed. Frère donne ce nom en deux articles de son *Manuel* sous ces deux formes :

« Fierabras (Hervé), sieur Dumotté, dit Odolant Desnos, naquit à Alençon, se fit recevoir chirurgien, revint dans sa patrie exercer ses talents et parvint à une extrême vieillesse. Il publia une *Méthode de Chirurgie,* Paris, 1683, in-12. »

Odolant Desnos, docteur en médecine, correspondant de la Société royale de médecine de Paris, ne paraît avoir connu cette édition que par le catalogue de la bibliothèque de M. de Falconer qu'il cite en marge, dans lequel il figurait sous le numéro 7.465. Ed Frère, au contraire, a dû tenir entre ses mains le livre dont il parle, puisqu'il nous apprend qu'il fut imprimé en 1683 par Ant. Bourriquant.

Disons d'abord que l'existence même de cet Hervé Fierabras, éditeur d'une réimpression de la *Méthode briefve,* en 1683, nous paraît problématique. Quant au savant bibliothécaire de l'Académie de médecine dont les communications m'ont été d'un si grand secours pour résoudre le problème qui nous occupe, il ne connaît pas plus cette édition de 1683 que son prétendu auteur. Nous allons serrer de plus près la question en cherchant, de notre côté, s'il a existé en 1683, à Alençon, un médecin ou chirurgien du nom d'Hervé Fierabras.

La filiation des Fierabras est très connue à Alençon, depuis la fin du seizième siècle. Le 4 novembre 1591, Israël Fierabras, par acte passé devant Bouyer, notaire à Alençon, faubourg de Montsort, reconnaît être saisi de plusieurs pièces concernant les fours-à-ban de la rue de Sarthe qu'il avait partagés avec les héritiers Chéron et dont il se porte garant. Ces fours avaient été fieffés à Guillaume Chéron par René, duc d'Alençon, par acte sur parchemin en date du 20 juin 1480, moyennant une rente de 6 livres. En 1502, le droit de fournage avait été l'occasion d'un procès entre Guillaume Chéron et Guillaume Delamare, fournier du four banal des Etaux, appartenant au duc d'Alençon. A cette occasion il fut procédé au département des rues et quartiers qui appartiendraient à chacun de ces fours, suivant sentence du 18 mai 1502 (n. s.). Une sentence du 12 février 1523 (n. s.), nous apprend qu'à cette date, le four de la rue de Sarthe appartenait à un nommé des Raines. Le 19 juin 1579, François Chéron, comme représentant les droits de Guillaume Chéron, rendit aveu pour le même four. En 1597 (14 septembre), Israël Fierabras reconnut de nouveau avoir été saisi par François Chéron, de plusieurs pièces concernant ledit four. En qualité de fieffataire, Israël Fierabras eut à payer à M. Gaspard Fieulet, trésorier de l'Epargne, le 16 octobre 1639, une somme de 330 livres, pour lui et ses cohéritiers, afin de jouir paisiblement du four de la rue de Sarthe, en vertu d'un jugement de M. de Thiersault, intendant. Quelques années après, il obtint à grand peine et seulement en vertu d'un jugement de la Chambre souveraine de Rouen, établie pour les francs fiefs et nouveaux acquêts, d'être déchargé de la somme de 450 livres à laquelle il avait été taxé comme propriétaire dudit four.

Lorsque Mme de Guise eut pris possession du duché d'Alençon, les adjudicataires des fours-à-ban eurent à se défendre contre les prétentions des agents du domaine qui essayèrent de les troubler dans leur jouissance. Abraham Fierabras, maître chirurgien, Charles Thirault, également chirurgien et les autres co-propriétaires de ces fours durent alors produire un mémoire, en réponse à une signification à eux faite, de la part de Son Altesse, le 7 juillet 1683. C'est par ce mémoire que nous avons connu la filiation de cette famille, très facile d'ailleurs à établir, puisque Abraham Fierabras dont on vient de parler, paraît avoir eu pour auteur Israël, dont nous avons constaté l'existence de 1591 à 1597. Abraham Fierabras, sieur de la Salmondière (1), chirurgien, mourut âgé de quatre-vingt-dix-huit ans environ, le 1er août 1693, en son domicile de la rue de Sarthe et fut inhumé le même jour dans l'église Saint-Léonard. Il avait épousé Madeleine Tabur, dont il eut entre autres enfants :

1° Marthe, baptisée le 6 décembre 1637, à Notre-Dame d'Alençon ; mariée le 11 janvier 1678 en l'église Saint-Léonard, à Annibal Gérard, sieur du Bourg, auquel elle avait apporté, par son contrat, du 27 décembre 1677, une dot de 1.000 livres, provenant d'ouvrages en point d'Alençon (2).

2° Abraham, baptisé à Notre-Dame, le 16 mars 1643, chirurgien, inhumé en l'église Saint-Léonard, le 16 août 1686, âgé de quarante-cinq ans.

3° Marguerite, baptisée à Notre-Dame, le 30 juillet 1641, mariée en l'église Saint-Léonard, le 7 mai 1669, à Toussaint Biseul.

(1) La Salmondière, commune de Marchemaisons.

(2) Mme G. Despierres. *Histoire du point d'Alençon*, Paris, Renouard, 1884, in-8°, p. 218, col. 1.

En dehors de cette filiation, établie par l'état civil d'Alençon, nous avons à enregistrer quelques noms probablement de la même famille :

Israël Fierabras, sieur des Grois, habitait Alençon en 1643 (1).

Sœur Madeleine-Ignace Fierabras, religieuse de la Visitation d'Alençon, fut interrogée sur sa vocation, par le P. G. Charlot, jésuite, recteur du collège de cette ville, le 3 février 1661 (2).

Par son testament en date du 4 juillet 1667, Elisabeth Glatigny, fille de feu Lancelot Glatigny, sieur de Saint-Marc et de Catherine Le Maistre, donna à Mᵉ Abraham Fierabras, prêtre, pour les bons offices qu'il lui avait rendus et à feue Marie Glatigny, veuve Le Comte, sa sœur, la jouissance : 1° de deux journaux et demi de terre, en deux pièces, l'une appelée le Champ-aux-Vieillards, l'autre nommée le Préau, toutes deux joignant le domaine de Cuissel et le chemin d'Alençon ; 2° d'un demi journal situé aux Quatre-Croix, proche Maupertuis, le tout en la paroisse de Lonrai.

Israël Fierabras, sieur du Mottez ou des Mottez, marchand, demeurant à Paris, fit une vente d'immeubles aux religieuses de la Visitation, par acte fait à Alençon, où il était alors à l'occasion de son commerce, le 12 janvier 1691 (3) et l'on possède de lui une lettre adressée à la supérieure de cette maison, datée de Paris, le 18 septembre 1695 (4).

Nous croyons avoir fait un dénombrement complet de tous les personnages du nom de Fierabras vivant au dix-septième siècle (5). Nous n'avons découvert aucune trace de cet Hervé Fierabras, sieur du Mottez, natif d'Alençon, suivant Odolant Desnos, qui s'étant fait recevoir chirurgien « revint dans sa patrie exercer ses talents et parvint à une extrême vieillesse. »

Le savant historien d'Alençon paraît avoir été ici induit en erreur par des renseignements inexacts qu'il lui était cependant facile de contrôler, et avoir confondu le prétendu auteur de la *Méthode de Chirurgie*, publiée en 1683, avec Abraham Fierabras, sieur de la Salmondière, mort à quatre-vingt-dix-huit ans environ, en 1693, comme on l'a vu, et dont le nom dût rester gravé dans la mémoire des Alençonnais.

Ce qui paraît lever tous les doutes, c'est que dans le dénombrement les médecins et chirurgiens vivant à Alençon de 1670 à 1699, on n'en voit pas figurer d'autres que les suivants :

Julien Besland, chirurgien, nommé par lettres de Sa Majesté, 9 août 1690 ;

(1) H. 4925.
(2) H. 4954.
(3) H. 5002.
(4) H. 5017.
(5) Le répertoire des anciens actes de l'état civil, dressé par M. P. Despierres, m'a été d'un grand secours. — J'ai, depuis, trouvé une thèse de logique imprimée, soutenue le 15 décembre 1670, dans la salle du collège des Pères de l'Oratoire du Mans, par Joseph Fierabras d'Alençon (in-folio).

Antoine Couppard, chirurgien, 1671.

Nous trouvons le nom d'Abraham Fierabras dans deux rapports faits sur des coups et blessures, avec ceux des autres chirurgiens de la ville dans deux liasses du bailliage d'Alençon :

28 septembre 1678. Rapport par René Méverel, conseiller et médecin du Roi ; Joseph Le Boucher, docteur en médecine ; Abraham Fierabras et Michel Delaville, chirurgiens d'Alençon.

1683. Rapport signé par Gilles Vasnier, chirurgien, Jacob Clouet, Abraham Fierabras.

Entre ces deux dates, dans un rôle des impositions d'Alençon, en 1678, nous trouvons dans la rue de Sarthe, le sieur de la Salmondière, chirurgien, Jean Menard et Antoine Lefèvre.

En 1695 enfin, le corps des chirurgiens, après la mort d'Abraham Fierabras, était ainsi composé :

Louis Bourdin, sieur de la Croix ; Jean Menard ; François Poitrineau ; François de Valframbert ; Nicolas Lestard ; Jean Guiller.

Tel est, Monsieur et cher confrère, le dernier résultat de mes recherches sur Hervé Fierabras, médecin rouennais du XVIe siècle et sur son prétendu sosie, médecin à Alençon au dix-septième. Espérons que l'avenir vous réservera de découvrir le dernier mot de l'énigme.

Louis DUVAL.

Alençon. — Imprimerie A. HERPIN, 9 et 11, rue du Cygne.

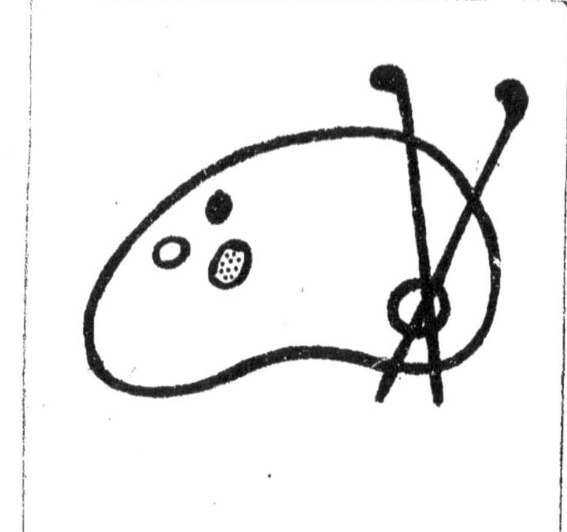

www.ingramcontent.com/pod-product-compliance
Lightning Source LLC
LaVergne TN
LVHW010314230826
846091LV00009B/3656